Suivre le Chemin

Sandrine Adso

Suivre le Chemin

© 2014, ADSO
Edition : BoD - Books on Demand
12/14 rond-point des Champs Elysées, 75008 Paris
Imprimé par Books on Demand GmbH, Norderstedt, Allemagne
ISBN : 9782322037612
Dépôt légal : août 2014

Mon chemin

J'ai fui les océans,
J'ai pleuré aux pieds des géants.
Et j'ai senti le vent,
Et j'ai gravi les marches du temps.

J'étais seule et désarmée,
C'était toi que j'attendais :
Lune et soleil
Cristal et vermeil.

Tu es une lumière emprisonnée,
Parfois tu me montres le sentier,
Où nous pouvons panser nos plaies
Comme un onguent venu des fées.

La vie ne se peut seule,
Alors j'ai cherché dans le jour et la nuit
Faire taire la gueule…
Du loup tapi derrière le lit.

Ce qu'il y a de fou
C'est lui
Ce qu'il y a de fou c'est ma vie.
Et je pense toujours à toi
Comme un rocher qui accepte les vagues sans lois.

Et je pense toujours à toi,
Tu m'as montré le soleil,
Je suis tombée en merveille.
Il faut se relever
Et continuer :

Toujours protéger la lumière,
J'ai choisi nos prières.

Une larme pèse lourd,
Un souvenir coure
Dans mon coeur
J'ai encore peur.

Mais tu es parti…
Et qu'aurais-je fait de tes cris,
Quand je méritais un sourire
Et qu'aurais-je fait de ta folie,
Quand il suffisait de rire…

Sur le chemin des pierres

Sur le chemin des pierres,
J'ai connu des roses et des arbres verts.

Et puis tout à coup s'est effondrée la lumière,
Alors j'ai pleuré sur le chemin des pierres.

Je n'attendais qu'un ami,
Alors j'ai dit :
Il saura m'aimer
Il saura voler.

Dès ce, la lumière est revenue
Et à nouveau les bras tendus, j'y ai cru.

Parce que ce jour là
C'était toi.

Aucun diadème
Aucun stratége,

Juste le feu de l'été,
Juste des mots murmurés.

Contre les murs, et les prisons
Je porterai le flambeau de ta saison.

Contre la douleur
J'irai chercher chaque fleur…

Et pour briser les Silences
J'appellerai les oiseaux
Et pour redonner chance
La symphonie sera allegro.

Sur le chemin des pierres,
J'ai fondu en prières
Et j'ai embrassé le ciel
Car ta lumière est belle.

Au nom de la Lumière,
Berce l'Amour sur Terre.

Et les ténèbres s'effondrent

Pardon de t'aimer, toi Lumière
Pardon de pleurer, toi prière.
C'est vrai j'ai trop attendu
Le calme est revenu…
Après la tempête.

Et le voilier s'est couché sur le rivage
Là où ; mon sourire te sourit
Et la nuit protège les enfants sauvages
Là où mon sourire te sourit.

Je t'envoie des baisers
Je te frissonne bleue et rouge
Et l'instant devient éternité
Comme une statue qui bouge

L'Amour est devenu profane,
Alors j'attends, perdue dans la forêt
Et j'irai trouver le vent d'été
L'Amour est devenu profane.

Quel est ton sourire ?
D'où vient ta lumière ?
C'est l'éclat du rire,
C'est le soleil d'hiver.

Comme je t'aime lumière,
Comme je t'aime prière
Tout s'est posé
Aux pieds de l'océan fatigué.

Les voiles caressent le sable
Comme un lit, un mur d'érable
Et je te souris
Et l'enfant aussi.

Tu choisis le rouge ou le bleu ?
Tu choisis le vent ou le feu ?
Pardon pour la lumière
Pardon pour la prière.

Je t'aime et je t'attends
J'ai choisi le vent,
Parce qu'il me porte à tes bras,
Je propose la fin des temps
Un dernier soleil couché au-delà
Des horizons, des matins et des printemps

Oui, le vent dit oui,
Parce que le cheval est bleu
Parce que l'éclat aussi bleu,

Te transperce de lumière.

Les ténèbres s'effondrent,
C'est ta vie qui revient.
Les ténèbres s'effondrent,
C'est ma vie qui revient.

Un nouveau soleil dans notre ciel
Un bouquet de roses et d'étincelles,
Les yeux fixés dans le firmament
De tes rêves d'enfant.

Tu es mon premier jour
Tu es mon dernier jour,
Les ténèbres s'effondrent
Les ténèbres s'effondrent.

Etre ou ne pas être

Dans ses rêves en haut des cimes,
Elle ne veut plus être victime,
Tout autour d'elle
L'appelle et l'appelle.

Elle a choisi
La vie ;
Lui murmure
Monte en haut des murs.

Elle a choisi de voler
Elle a choisi d'être une fée,
A la fois bleue
Et encore bleue.

Parce que le bleu est la couleur des fées
Détentrice des clefs les plus sacrées
Ancestrale et éternelle
Elle s'épanouit dans le ciel.

Et la Terre, vallée des larmes
Lance des alarmes ;
Le cavalier de la nuit
Galope autour de la vie

C'est un combat entre la fée
Et le cavalier de la nuit.
C'est le jour qui disparaît
Mais, la lumière qui survit.
Le capricorne des cieux
Attends avec ardeur
La victoire des biens heureux,
Il efface des yeux de la fée, les pleurs.

Et dans un ardent soleil
Ranime le jour,
Et dans un ardent soleil
Fait naitre l'amour.

Dés lors, le combat devient mystique
L'amour, et la haine féériques
S'aiment et se déchirent
Car du capricorne des cieux, tel est le désir.

Etre une fée, un cavalier noir
Que le jour bleu, que la nuit noire
Entraînent dans le tourbillon de la Vie
Tourne, tourne chante et rit.

C'est toujours la vie :
Le capricorne des cieux

Mais qui est le capricorne des cieux ?
En fait c'est la licorne éblouie.

On la dit pure,
Elle crée la vie.
Il n'y a plus de murs
Elle murmure :
Je t'aime.

Je t'attendais

Je t'attendais le premier matin,
Où tu es venu pour me parler,
Me parler avec tes mains
Et tout bas me chuchoter,

Que tu es comme un roi
Que tu es comme moi
Amoureux de la Vérité
Souvent maltraitée.

Peut-être pourrons-nous rendre la beauté éternelle ?
Si la vie nous semble belle !

Il peut faire des orages puissants,
Il peut y avoir des trombes de vent.
Les forêts resteront aux pieds des plaines
Combattons ensemble la haine.

Pour ne plus avoir peur
Inonde de douceur
Mon cœur
Et tu redécouvriras le bonheur.

La première fois

La première fois que tu m'as aimée,
J'ai pleuré et j'ai ri et j'ai prononcé

Le nom des étoiles,
Tu t'es fait mâle,
Et moi femme,
Dans la nuit, mon étoile.

J'ai souri à ta lumière
J'ai joui sous tes prières.
Tu m'as fait sentir,
Tant d'amour dans un simple rire

Ton rire valait bien un sourire
Ta bouche a bien failli me faire mourir,
Mais la vie, s est faite plus vive
J'ai connu enfin la rive,

Revenue du naufrage,
J'étais si sage,
Mais les flots si cruels,
S'accalmirent sous ton appel

Et, je me suis faite sirène,
Et je me suis sentie pleine :

Toute première fois,
Fabrice : toi,

Qui m'as montré la beauté,
Comme ton regard et ton désir,
Merci pour ces moments d'éternité
Désormais, j'oublierai de mourir,

Donne-moi,
Et recevoir, laisse-moi
Sans crainte
Apprends-moi les étreintes

D'un soleil, toi
Et de sa lumière : moi.

Toute ma vie, je garderai ton flot de tendresse
L'amour n'aura de cesse
Et les flots se rouvriront à nouveau
Il suffira de tes mots …

Il suffira que je te sente
Et toi, il suffira que tu oublies
Que certaines femmes mentent,
Je suis vérité, j'ai choisi

C'est ma Force, à moi
De t'être authentique,
Donne-moi, une fois
La force de parler sans risque.

Tu es mon nouveau et seul roi,
Tu m'as offert tes nuits, tes jours
Et j'ai partagé le parfum de tes lois
Boire à tes lèvres, remplace tous les discours.

Le voyage

Le voyage est le chemin
Vers ta main.

Ton voyage est le cadeau de tes mains
Tout le long de mes reins.

C'est un voyage de lumière
Dans la clarté de la prière

Fulgurant parcours
Le voyage est amour.

Nos yeux voyagent de toi à moi
Nos bouches se parlent dans la nuit d'éclat.

Et c'est cet éclat fulgurant
Qui portent au-delà le voyage du vent

Les mots et les rêves s'envolent
Et le voyage nous fait qui vole, vole.

A la rencontre des oiseaux
A la rencontre du plus beau…
Paysage
Voyage

Tu cherches, tu me trouves
Je cherche et tu me trouves.

C'est un voyage à deux
Je t'offre mes yeux,

Tu m'offres ta bouche
Je te suggère ma couche.

Soleil des montagnes, tu vibres
Océan des promesses, tu crains
L'ouragan du matin.
Amour en extase, tu vibres

Comme la licorne, au clair de lune.
Voyage fabuleux, montons les dunes

Vers le voyage de la mer
Vers le voyage de la terre
Dans ce voyage, il y aura
Toi et moi.

Autour de nous
Inconnus

Toi et moi,
Voyage intime.

Pour toi

Je viens vers toi,
Le cœur qui bat.

Les mains tendues,
Presque nue.

Tu as fait de ma vie
Des millions de roses bleuies.

Tu es ce roi,
Que je n'attendais pas.
Je me plie à tes sacrements
Je respecte ton cœur d'enfant.

Tu es petit comme un chat
Et fort comme un roi.

Tu es celui vers qui je vais,
Confiante et libérée.

Je crois en tes yeux
Et tous les soirs
Je fais le vœu
D'illuminer le noir.

Je fais le vœu d'être à toi,
Que tu ne me trahisses pas.
Jamais …
Laisse-moi aller sur le sentier,

De la vie retrouvée.
J'ai attendu et je me suis endormie
A présent je renais
Dans ta vie.

Tu me réveilles
Avec le soleil.

Et je m'endors
Chaque fois en rêvant encore
De plus en plus fort
A ton âme d'or.

J'aime ta bouche, qui me parle
Et me fait vibrer.
Tu es le tabernacle,
Où repose l'éternité.

Tu es une fleur et un roc
Tu es ma nuit sans troc :
L'échange est parfait,

Tu me donnes et moi aussi
J'aime ta vie.

Je viens vers toi
Apeurée,
Comme on va devant un roi,
Emerveillée.

Rose du premier matin

Rose du premier matin,
Ne regarde pas si loin.
Oui, le soleil est là
Oui, les étoiles sont là.

Et les oiseaux décorent toujours la lumière.
Ta vie, que l'on dit éphémère
Laisse espérer un au-delà
Une petite chanson de ci de là

Tu es bleu quand tu pleures
Et blanche quand tu ris.

Eau d'enfant

Il était une fois un océan,
Et au bord de l'eau, deux enfants
Et à leurs pieds, un océan.

Rivage d'écume et de rires
De ce soleil qui fait rajeunir.

Il était une fois l'océan
Qui assenait le rivage
Aux bords des villes d'Agage.

Il était une fois deux enfants
Qui jouaient avec le vent.

L'horizon de nuit

Il y a toutes ces lunes
Bercées par les marais nocturnes.
Soleil marin
Disparaissant avec le matin.
Tu donnes à la nuit
Des langueurs douces et infinies.

Et, moi marchant sur le sable blond
Je lève mes yeux vers l'astre rond.
Et je le sens m'apeller :

Viens, viens caresser la nuit bleutée.
Alors je fixe le miroir des eaux du soir
Où les ténèbres allument toute la gloire.
Des étoiles, il y en a des milliers
Soulevant en choeur les marées,
Dans un chant fait de vent et de chaos.
On peut distinguer l'élévation de l'eau
Dans une symphonie secrète
Où se relève la couleur bleue et verte.

Présence

Au pays du monde i lest toujours là
Parmiles arbres, les fleurs et les lilas.
Aux terres des champs, il passe en sifflant,
Il est deux à bord de continent.

On l'entend à l'est venir,
Puis à l'ouest repartir.

Au monde de la terre,
Il flotte dans l'air.
Seule l'eau ne connaît-il pas ?

Certains auraient vu la rigole de ses doigts
Au-dessus des eaux,
Mais en deça, il n'y a que les flots.

Le vent parle et déplace sur terre
Et déplace les courants sur la mer.
Le vent offre la terre en bouquets,
En bouquets de fleurs souples et colorés.

Le vent chante Eole depuis l'infini,
Titan de l'espace,
De ta naissance, tu ne laissas de traces.

Regards sur l'être

La nuit coule dans ses yeux
Et il est heureux,
Car de sa pluie diurne et brillante
Jaillit en mon âme, le parfum de la lune étincelante.

Elle se glisse par la pupille et offre le ciel à mon corps,
Pas besoin d'en demander encore,
Quand le jour se lève,
Je lui rends ses perles d'or.

Je suis son recueil de rêves,
Le jour éclabousse ses cheveux
Et i lest heureux,
Car de cet or et de cette force
Jaillit en son âme le désir
De me faire grandir.

Des milliers de fragments dorés,
Des milliers de perles bleitées,
Qu'offrent le soleil et la nuit rassemblés
Qu'il sait recueillir et me montrer.

Car je le sens frémir, vibrer, respirer.

Sous la voûte du ciel, oui j'ai vu ses ailes

Sur le sol de cette terre aussi.

Un arbre plein d'olives vertes et fraîches
Un amour indéfinissable comme l'eau fraiche
Sur la cascade de mes yeux.

Ceux d'Eclève

C'est le matin déjà
Elle voudrait lui sourire
Sans l'avoir vu partir,
Croire que son regard
Croisait la pénombre.

Mais non, lui là-bas
A volé ses derniers rêves.
Les plus beaux, ceux d'Ecléve.
Comme dans un jardin
Dont il a volé la clef.

Elle lui a laissé ses mains
Prisonnières de ses secrets.
Après une telle nuit
Comment sourire à la lumière ?

De toute cette magie,
Ceux d'Ecléve en éclair.

La forêt universelle

Dans une très lointaine forêt,
Où s'entremêlaient des lacs et des ruisseaux.
Le ciel immense semblait parler
A chacun des êtres vivants si beaux,
Qui se reposaient dans le lointain très pur.

L'amour naissait dans les courants
Et la terre recueillait l'ensemble des murmures,
Qui se croisaient partout en chantant.

Puis le vent souffla et la forêt
Arriva au bord du continent moderne ;
Alors les mers et les océans se sont mêlés ;
Sous la surface des cieux jamais ternes.
Et c'est pourquoi la terre se colora
De toutes les petites énergies
Qui retracent le chemin de la vie.

Cette lumière

La nuit si bleue
Coulait dans ses yeux,
Et ses yeux si bleus
Coulaient dans la nuit.

Et les étoiles mettaient de l'or à minuit.
La lumière parsemait le ciel,
Et ses yeux sucrés comme le miel :
De l'or, du bleu, du noir
Et à chaque couleur une histoire.
De l'or, du bleu, du noir,
Là cachée au fond de ses yeux.
Du bleu, de l'or, du noir
Et ainsi fut planté le décor
Des amours de minuit.

La fleur temporelle

C'est l'heure béate où s'éteint le crépuscule,
Où les fauves ocres dans la nuit se bousculent ;
Mesurant leurs couleurs à l'ombre du soleil ;
Pas gigantesque dans le bleu de la faune.

La bouche ouverte, ils dansent et c'est pareil
Que la mer ensablée qui danse sur le trône
Parmi le temps et les coquillages qui s'égrennent,
Avec les couleurs du ciel se reflétant dans l'eau.

On y retrouve toutes les arches bleues, toutes reines
Qui portent fières le même drapeau :
Celui de l'heure béate où s'allume le crépuscule,
Avec les lumières du jour qui se bousculent
Dansant du bleu jusqu'au soir.
Et ce soir là, la sirène sauvage se coucha dans son miroir.

Ciel et mer

Quand s'écoule le soir tardivement,
Sur les dunes enlassées par le feu,
De la nuit qui s'achéve tardivement
Et cherche quelques recoins mystérieux,
Et lentement la vie s'attache au ponton.

Dans cette baie, il y a des oiseaux,
Qui glissent lentement tout le long.

Des couleurs, de la chaleur, de la pluie, de l'eau.
Doucement, le jour sourit à l'horizon
Et sur le rocher vient chercher la mer,
Des sirènes écarlates perdues dans la mer.
Des écailles, du sel et toutes les chansons.
Des sirènes écarlates perdues dans le matin clair.
Quand naît l'océan par un beau matin
Avec le soleil qui vente à midi.
On tremble avec sa main
Au fond de la nuit,
Pour voir l'éclair
Brandir sa lumière.

Sable

Dans le désert, il n'y a rien et aucune réponse aux mystères,
Seul le vent gémit portant le son des lointaines terres :
C'est comme un mirage permanent qui souffle sur les dunes.
De la raison, de la passion, il n'y en a aucune.
Seule la patience ouvre la porte de la fontaine.
Bien après la mort, le temps ou la haine.

Le désert est la terre des scorpions
Dégradés de sable au bout de l'infini à l'horizon,
dégradés de solitude et de peur
Où la chaleur mélange à l'air toute la sueur.
Contenue dans le corps de cet homme là-bas.

Lui est arrivé aux portes de l'éclat.
L'eau derrière la porte ruisselle,
Mais lui cherche la clef sur le sable et dans le sel ;
Sûrement cette fontaine est la dernière mer
Avant que l'eau ne laisse cette plage de terre.

Il fut un temps où l'océan tout entier
Recouvrait les dunes et les grandes vallées.
Mais déjà l'homme meurt aux portes ;
De l'eau coulera en secret
Dans une vallée protégée,
Loin de ta gorge salée.

L'eau

Qui donc a retenu l'aube ce matin ?
Qui donc osa s'en servir dans les mains ?

Regarde là-bas, il s'enfuit.
Plus d'un jour sans lueur
L'amour en déduit l'âme d'un voleur.

En fait, le lever de la nuit fut prolongé
Et l'homme plongea dans le rideau éclaté
Saisissant le premier rayon sur la marée,
Et, comme un cheval s'en alla dans la spirale :
Folle
D'une aube redevenue amoureuse de la liberté.

Martial

Il y a un poisson qui dort à côté de moi.
Ces yeux clos et l'écaille luisante,
Il sourit dans son sommeil,
Aux algues qu'il frôle en rêvant.

Quelque peu inquiet par mon réveil
Il n'osait me demander
A le remettre dans l'eau,
l'air hagard et l'oeil inquiet,
Il partait en guerre, sans dire mot.

Quelques heures après ce voyage onirique
Plongeant au fond de mon lit, je me mis à rêver
D'une vie très souple et très aquatique.
Sans chagrins et sans lumières, je monte sur le manège,
Et du haut de ma citadelle,
J'aperçois ballet de lumière marine,
Cherchant en vain quelques hirondelles.

Je me mis à songer à quelques lunes sanguines
Qui ici et là ne percérent aucunement
La voûte dorée du fond des océans :

Rêvant à quelque sable chaud
Un poisson vint se sécher sur ma peau.

Il était bleu et doux très pâle.
Je l'appelais Martial,
Il me rapellait cet oiseau couleur feu
Qui voyageait souvent
Dans mes nuits sans vents,
Mais qui jamais n'osa
S'allonger près de moi.

Les jeux du poète

La mer joue le soleil avec le matin,
Et le soleil danse sur l'écume.
La magie du son est l'éclair lointain ;
Il y a ce poète qui plonge sa plume
Assis au bord de l'océan.

Dans les flots crépitants
Et dans le jeu de couleurs se mêlent les mots,
Qui longent les longues et premières eaux :
Encre majestueuse entrée en moi
Ton poids n'est qu'amour et infini tendresse là,
Tout près vient me parler du jour
Où ma lettre ne s'éloignera
Car l'horizon est trop loin…

J'aime voir le soleil ouvrir son écrin
Ainsi que la danse de la lumière.
J'aime vibrer… le tonerre,
Où dans la nuit l'homme se plonge
Et envoie dans son ardeur aimer le soleil couché.

Sensations d'un paysage qui devient nuée
Le ciel, alors s'imagine naître,
Profond, haut en élévation.

Tu plonges dans toutes les pensées
En douceur vers ma sensation
D'aimer la déferlante éternité.
Des matins qui chantent encore :
La voix de l'âme qui est mienne.

Histoire de sang

Cheuveux blonds tissés en sa mémoire,
Histoire d'amour dura plus d'un soir.
Histoire de sang,
Elle lui parla, il lui mentit.
Dit pardon, dit sa vie.
Histoire de sang.

Elle lui chanta les rivières,
Elle lui parla sans prières,
Fou d'amour, il tomba.

Histoire de sang
Couleurs cendrées dans le matin,
Couleur feutré pour leur lointain ;
Son visage couché entre ses bras
Il se rappela
De la durée
De leurs baisers,

Alors que le soleil descendait
Histoire de lumière, rouge et ocre, éclair
Histoire de sang.

Condoléances

Si tu savais l'ami
Combien j'ai souffert
De larmes et de mes yeux meurtris.

Il y aurait tant à dire et à refaire.
Toi l'ami, ne t'en vas pas.
Garde-moi encore dans tes bras,
Comment connaîtrais-tu, deuxième vie de mon âme
Ce désarroi de mon âme nue ?

Je voudrai tant devenir ta femme.
Je te donnerai les nouveaux mots
Ceux que j'ai fabriqué comme un cadeau,
Pour que dans un éclair
Tu emportes ciel et terre
Dans un frisson de lumière.

Peux-tu savoir
Combien ce terroir
M'est cher et pur,
Et espéré solide comme un roc.

La souffrance invisible et cruelle
Que seul l'ami dans la ruelle
Peut partager comme un troc.

Le dessein

Partout en moi, je t'imagine
Tout autour de moi, je te dessine.
Baisers, caresses plus qu'un désir
Où je vais mon espace te transpire.

Et, tout en allant tu es avec moi ;
Le monde et moi ensemble te respirent ?
Nous sentons ta peau et tes doigts.
Nous voyons ton âme, ton regard ;

Amour, sensation, vertige de toi,
Dans l'abîme du temps qui sépare.

Eternelle patience,
Espérant la chance
De pouvoir
Encore te voir.
Toi,
Et
Moi.

J'ai peur de mon imagination.
J'ai peur de ta trahison.

L'espace se colore lui-même,

Mais le dessein n'est qu'une illusion.

Souvenirs

La pluie est douce quand tu me regardes,
Elle chante ton nom lorsque la nuit s'attarde,
Au coeur du plein de la nuit.
Ton sourire chante toutes les vies
Que j'aimerai passer dans le soleil de tes bras,
Pour sentir la langueur de tes lèvres sur moi.

Ton regard supporte ma larme.
Mon coeur frissonne sous ton charme,
Et l'eau de ton âme es tun nuage
Où j'aime respirer autour du présage
Qui siffle tranquillement sur ma vie,
Celle qui te répond que belle est la nuit ;
Et ta bouche me parle de ces oiseaux
Qui s'envolent vers les horizons les plus beaux.
Celui où mon être t'espére.

Comme déjà jadis naguère
Lorsque tu m'embrassas
Et qu'en cet instant,
Je sentis l'amour beau comme un enfant.

Celui que je rêve de toi,
Qui naîtra déjà au fond de moi.
Lorsque viendra l'instant divin,

Où tu me serreras dans ton sein.

Le vaste chant qui s'élève depuis mon corps,
Comme un avoeu qui te parlerait encore
De ces nuits étoilées,
De ces arcs-en-ciel évoqués,
Par ta douceur de m'avoir
Montré le feu dans la nuit noire.

Et ce soleil plein d'astres et de fanfares ;
Où j'ai pu parler à ton coeur
Qui me berçait sous un ciel sans peur ;
Où la lune rêvait
Ces rêves qui durent l'éternité.

Rimbaud

Cheveux d'ange au bord des cils,
Sourire tendre, triste,fragile.
Beauté d'enfant sans prénom,
Identité clarifiée dans les roseaux,
Beauté flottante parmi les joncs.

Ô toi Rimbaud,
Tu vis tout ce qui n'était pas,
Pour que l'on vit tout ce qui est.

Tu choisis toutes les heures,
De tes voyages,
Pour que l'on refuse d'être sage.
Tu choisis un bateau
Ivre, ta raison le dessina.

Tu choisis son heure,
Il fut un culte et un soir.
Tu quittas les contemplations
Pour goûter le fruit sauvage
De l'ésotérisme des astres en fusion.

Tu ne fus plus sage,
Et quittant l'école,
Tu t'envolas vers l'Afrique folle.

Qui ne t'aimas pas ?
Ne te détestas ?
Tu choisis les mots,
C'est l'éternité
Avec le soleil allé.
Tu dis les mots
Que pleurèrent,
Ta soeur et ta mère.

Le corps lumineux

Sur la nuit, j'ai vu des aurores,
Dans tes yeux, j'ai vu des soleils d'or.
Tu ressembles à la magie,
D'un feu et d'un lac gris
Avec les ailes trempées par l'éclair,
Du matin qui jaillit de la lumière.

J'ai vu des océans s'ouvrir devant tes bras,
J'ai vu des montagnes s'écarter au son de ta voix ;
Dans le matin, j'ai vu des aubes
Et dans tes yeux des éclats d'émeraude.
Tu es le miroir de tous les secrets
De ceux des rois, des fous, des étrangers
Qui dansent, au milieu des déserts
Dans le soir, près des mirages de prières.
Ton rêve s'envole dans mon corps,
Et mon amour t'en parlera encore,
Quand les océans et les montagnes auront disparu.

Tu parles à la lune, comme à la terre,
Ton voyage suit les fluides universels
Et tu chantes au doux rythme des rivières.
Avec toi, marchent les couleurs les plus belles
Et comme un enfant tu joues dans la nuit
A rassembler dans le feu, chacun de tes amis.

Le prisonnier du jour

Regarde la mer bleutée plus loin que le ciel,
Respire la fin du jour et les derniers rayons de soleil.
Dans sa prison de fer, l'homme agite ses espoirs.
Toi tu es libre de vivre avec les oiseaux qui se couchent le soir.
Si tu vas plus loin que l'horizon,
Si tu respires tout le soleil
Alors l'horizon sera la porte d'une maison
Où le toit sera couvert de ciel.

Peut-être alors un oiseau sur la mer t'emportera
Pour respirer les éthers de l'au-delà,
Mais l'aveugle qui attends la lumière
Danse dans l'espace.

Mais le sourd qui espère les oiseaux dans la clairière,
Chante dans l'espace ;
Et cela grâce à la mer bleutée plus loin que le ciel,
A la fin du jour et aux derniers rayons de soleil.

Si tu es libre, c'est parce que le monde est infini,
Si tu vois clair dans la nuit,
C'est que quelque part, brille la lumière,
Si tu penses à ces fabuleuses clairières
C'est qu'un seul jour te suffit pour les avoir vues.

Partout existe ton rêve
Car le jour au rêve, s'est découvert.
La quête est de rassembler tous les rêves
Et de les faire jaillir dans chaque prison de la terre.

L'espace est plus ou moins grand
Selon la dimension que l'on a dans l'espace.
L'espace est infiniment à toi,
Humain de toutes les races,
Tu peux courir dans la lumière bleue,
Tu peux surmonter les océans fougueux,
Car le rêve est la parcelle d'infini
Qui traverse nôtre vie.

Pensées furtives

Pensées furtives
Approchez de la rive,
Rêves fugaces, flous
Ici, là étendez-vous.

Tant de voyages…
Et dans mes yeux, tant d'images.
Je veux voir se lever les ombres de mes yeux
Colorées, mouvantes, parlantes et douces,
Comme des pensées furtives,
Comme des rêves fugaces, flous ;

Approchez de la rive,
Ici, là étendez-vous.

Au berceau de mon extérieur près
Du voile de mon regard, de mon toucher.
La rive de ma vie
Etendez-vous, hors de la nuit
Afin que j'aille visiter
L'intérieur de tous ces palais.

Venez à moi,
Bourgeons de joie,
Rêves furtifs, pensées floues

J'attendrai et je collerai ma joue
Près de votre coeur
Pour découvrir l'heure
De ma vie.

J'écris à mon empire
Déjà les murs transpirent
Ondes, sondes, rondes ;
Unissez-moi près de la rive
Etendue avant que le navire arrive.

Le rêve océane

Toi qui n'a jamais vu la mer,
Toi qui ignore tout du bleu de l'océan,
Ferme les yeux et entre dans la lumière.

Toi qui n'a jamais été enfant
Essaie de chanter le mot liberté,
Tu verras, il y a plein d'autres mots.

Toi qui ne connaît que la mort salée
Découvre et abreuve-toi du son de l'eau.

Toi qui n'as jamais vu la mer,
Ferme les yeux et entre dans la lumière,
Tu sentiras l'eau douce sur ton corps froid,
Et la chaleur dans ta peau de bois.

La lumière est transparente, souple, claire ;
Elle t'entraîne dans la vallée de l'imaginaire
Et tu pourras chanter avec les oiseaux,
Te fondre au fluide de l'eau,
Et voir les étoiles depuis les rivages de la mer,
Tu sentiras les gouttes d'étoiles tombées en lumière
Sur ton visage et sur ton corps.

Toi qui n'as jamais vu la mer

Essaie encore
D'entrer dans la lumière,
Elle t'y conduira
Et là tu verras
Toutes les couleurs de l'eau,
Toute la chaleur du sable chaud

Toi qui n'as jamais vu la mer
Ferme les yeux et entre dans la lumière.
Regarde et tu verras
L'océan aux mille bras
T'accueillir dans une danse marine,
Où la lumière et le soleil ensemble déclinent
Pour t'aider à mieux
Fermer les yeux.

L'homme et la chevelure

Le rivage s'enfuit devant ses pas,
Il coure et trébuche sur des galets,
Au fond de son coeur, l'espoir est là.
Son corps respire, mais saignent ses pieds.

Il regarde au loin l'horizon là-bas.
Il est parti un matin,
De pluies et d'orages bleus.
Il recherche sa petite main,
Il sait qu'elle le rendra heureux.

Mais le rivage n'est que chevelure
Qui s'agite dans le vent, dans le ciel,
Et la main, derrière l'horizon est pure.
Il voudrait dompter ces fleurs éternelles :
Avec du bois et des rameaux
Il construit un petit bateau
Et caresse la chevelure dans le bleu de l'azur.

Il vogue vers l'horizon, autour du lac
Sommeille et se rappelle toute sa vie.
Au réveil, les yeux ouverts, le sombre et le noir ;
La chevelure est brune et l'horizon est rare.
Alors au fond de l'eau, la peur le saisit
Il voit Léviathan et autres ténébreuses vies.

Lui, il cherche une main douce,
Il s'agenouille dans un roulis,
Le soleil secoue la marée rousse ;
C'est un nouveau jour de vie.

Mais il a perdu sa main
Et la chevelure joue avec dans son jardin,
Alors, il fabrique un piège
Fait de larmes et de souvenirs.

Il capture l'étoile qui l'assiège
Et désormais guide son avenir
D'une main,
La deuxième main est son destin.

Nature

Voici venu l'oiseau de l'orage
Il n'est plus temps de pleurer.
Voici venu le ciel éteint,
Il n'est plus temps du matin.

Voici venues les prophéties des anciens,
Les commandements hors des parchemins,
S'étalent dans l'espace,
C'est la pluie qui voile les faces.

On dit qu'aucun bateau
Ne refit surface,
On dit qu'aucun oiseau
Ne laissa de traces.

Voici venu l'orage,
Et l'oiseau sans messages,
Ce chaos et ce désordre,
A failli pleurer.

Mais déjà les maisons se closent
Et ce matin-là le ciel ne fut pas rose.

J'ai peur de toi,
Pourquoi cet oiseau
Et cette dernière image ?
Pourquoi ce chaos,
Et ce si grand orage ?

Il faut bien comprendre
Que je t'aime :
Il faut bien comprendre que je l'aime
Et que ma vie traverse le ciel
Et se perd,
Et que la vie traverse le ciel
Ou part en mer.

Ma prière n'est pas pour le dernier matin,
Ma prière n'est pas pour le dernier message,

Ma prière s'échappe de mes mains
Que je mutile pour trouver le passage
Entre mon sang et ta peau.

La larme hésite et ne coule pas à flots,
Le monde est noir
Et ce matin, c'est le soir
Qui une dernière fois s'allonge.

Au bout de la falaise,
Où mon âle cherche ton songe.

Plage d'amour

Quand la lune monte dans tes ueux,
Je sais que la nuit est tendre ;
Je sais que tes yeux sont vastes et lumineux,
Comme un soleil qui se fait attendre :

Je vois dans ton regard
Les mirages et les dunes
Vastes et sombres presque noirs,
S'enroulant dans une vague bleue.
Ce soir c'est l'astre blanc sur tes cils,
Et l'amour me rejoint par le fil
De l'océan imaginaire
Que tu portes au cou comme une prière.
Un caillou lourd et brillant
Qui glisse et te laisse vivre et mourir à vingt ans.

Si la lune est de sable,
Tes yeux sont une mer
Qui refléte tout et offre ce que tu jettes et disparaît,
Et grâce, à l'éclat transparent, je vois au travers
Les crêtes colorées et les larmes bleutées
Accordées à espoirs et désirs secrets,
Enfouis dans le chaos et l'obscurité voilés.

Mais le pouvoir somptueux de tes lunes

Me découvre et m'éléve vers les brumes,
Conspiration de l'amour,
Qui tel un soleil attire les plantes du jour ;
Comme une lumière, clef de mon âme
Vibrant à l'encontre de mon désir de faune.

Ainsi mon esprit se meut vers ta clarté,
Telle la marée dans la nuit bleutée.
C'est à ce moment que dans ta montée
Tes yeux entourent et attirent mes baisers,
Bercés par tes yeux de lune vifs et purs.

Le plongeon dans tes yeux
Eteint le feu
Qui détruit
La nuit
Pour faire place,
Au cristal de glace,
Transparent et vibrant
Comme les yeux d'un enfant,
Caché au fond d'un bois,
Et qui voudrait embrasser
La lune d'argent ebvoûtée
Par les océans, les hommes et les forêts.

Sang d'oxygène et d'hydrogène

Si la tristesse coule de ton sang,
Si ton sang pèse le poids de ta vie.
Lache la larme qui accumule les ans ;
Où derrière le mystère sauvage sourit
Le doux regard de la mort.

Regardes encore tu trouves la folie,
Et plus loin le poids du mercure.
Dans la nuit de l'été
Et là-bas la nuit de l'injure,
Tout au fond de la vie sacrée.

Aux douleurs assovient ses pleurs,
au triste sort
Que de chercher encore,
T'oublier quelques heures
Pour que la lumière ravive ton éclat.

Dans le coeur de ma mémoire
En t'apercevant là-bas,
Dans la mémoire du coeur de ce soir
Te chercher encore,
Pense à mon corps.
Matrice humaine,
Brass ans haine

Qui vers toi
S'efface sans se tendre.

Que la larme pése lourd
Eux et nous.
Combien mon coeur est lourd
Devant mon désarroi et vous
Quelle porte franchirais-je ?
Quel ciel reverrais-je ?

Quand le trouble de mon esprit,
Ce miroir plongé dans la nuit
Feront à nouveau
L'amour avec la vie,
sauront un jour plus beau,
Verront un matin plus tôt ?
Oubliant la haine du peuple,
Oubliant les guerres du peuple.

Retrouvant la joie d'un amour
Qui comme toi, fut le jour
T'aimer et te perdre.

Disparaître le lierre,
Sur les murs de la terre à l'infini.
Comment atteindre les étoiles ?

Comment voir l'espace
Sans l'ombre et le contraste ?

Ni mer, ni feu
Des larmes et des abus nerveux.
Tout autour de la maison
Des voitures et des saisons.
Mais plus de pierre,
Plus de prières,
Plus de cimetière,
Plus de couleurs,
Plus de douceurs ?

Chercher son âme
Conserver la flamme,
Tout en allant
Là-bas sans se perdre.
Se sentir comme un petit bébé
Qui vient juste de pleurer,
Se sentir comme une fleur fanée,
Sans se sentir respirer.

Les parfums disparaissent,
Les rêves filent en détresse,
Et ce mélange irrationnel
Ton souvenir reste éternel.

Se placer pour que le vent
Apporte vérité de l'instant.
Joie du bonheur,
Horreur du malheur.

Les plaines, les collines
Sont si vastes se dessinent
Dans un esprit.
Les ravins, les abris
Se cachent dans dans la nuit.

Je ne me cache pas,
Je ne me trouve pas,
Peut-être que le venr saura
Peut-être que ma mère apprendra
A me montrer la prochaine,
La plus grande des plaines ;
Où je pourrai
Laisser couler
La tristesse de mon sang.

Une rivière de printemps
Qui m'aménera
Jusqu'au prochain été.

Regards

Dehors la pluie tombe
Et à quelques kilomètres,
Tu t'endors peut-être.
Dedans le sang tombe
Aux pieds du soldat
Qui, seul s'égara.

Triste est la nuit
Lorsque la mort rôde.
Brûlante est la vie,
Lorsque le soleil rôde.
Mourir dans le sang
Se perdre à des mille et des cents,
Mourir de tristesse,
Mourir de cent caresses
Pour vivre une dernière fois.

La seule et dernière fois
Où je te vois encore
Sur cette avenue qui existe encore.

La prochaine fois,
Le futur bientôt,
Où près de toi
A nouveau,

Je pourrai faire fleurir mon amour
Sortant de mon âme l'âme du jour,
T'envelopper de toute sa force
Pour te détacher de l'écorce
De l'arbre blanc ;
Pour s'attacher avec force
A la sève d'un amour d'enfant.
Au printemps des mille soleils
N'attends pas la douleur pour l'éveil.

Ni l'un ni l'autre ne sont pareils
Ni toi, ni moi nous nous aimerons une dernière fois ;
Et comme un nouveau départ
Je continue à t'attendre sans voix.

Sur ces milliers de trottoirs
Où déambule le quotidien,
Avec dehors la pluie qui tombe,
Avec dedans le sang qui tombe.

Traversée

Revenir de ton voyage,
Amarrer à ton rivage,
Fermer les yeux en même temps
Juste nous un dernier instant,
Sentir que la musique danse,
Tout au bout de ce couloir immense,
Chercher de portes en portes
Le petit creux que la vie transporte.

Je voyage de transit en transit
Sur des marées.
Et nulle part à travers mes pensées
Je ne sais où j'habite.
On me dit que j'ai dix neuf ans,
Je sais que j'étais une enfant,
Je me dis que je n'aime que toi ;
On me dit que la vie a ses lois.
Sur un bateau, sur un voyage
Sur un planeur, sur une plage
Pour un départ, pour un retour.

J'attends et j'attends
Que l'oiseau incolore traverse le temps
Jusqu'au dernier instant.
Quel jour fera-t-il ?

Quelle nuit sera-t elle ?
Quel vent soufflera-t-il ?

Pourrais-je être belle,
Lorsque revenu de ton voyage
Je m'approcherai
Tout près pour souffler
Souffler ta nuit et ta vie ?
Et traverser le corridor,
Qui font de nos deux corps.

Et monter sur la marée
Qui viendra caresser tes pieds
Pour enfin échanger les mots
Murmurer les deux ou trois flots
Qui coulèrent.

Soulager tout les idiots
Qui pleurèrent
De n'avoir pas compris
Que la vie voyage
De n'avoir pas aimer la vie,
Qui voyage près des rivages
Où la vérité se baigne.
Et attends de grimper
Comme le lierre sur un mur qui saigne.

Revenir de tant d'années
Et trouver le lac pur,
Où les dieux plongèrent
Offrant aux océans de l'azur
Tout au fond des mers
La force et la haine,
La joie et la peine,
Le blanc et le noir.

Et que l'homme trouva
Là près des poissons sans éclats.
Au travers des courants,
Parmi les océans,
Et revenir du voyage.
Et là de continents en continents,
J'attends et j'avance,
Tu pleures et tu danses,
Tu t'allonges et tu t'étends
Sur la seule plage
Où ni dieu, ni animal
Ne laissèrent de passage
Reviens de ton voyage.

Eclairages

Une lumière qui vient du ciel,
Un mur qui cache le ciel,
Un éclairage au fond d'une salle.
Quelques fleurs qui s'étalent
Dans un pays, ou rien
Ne pleure,
Ne meurt.

Un dieu et quelques hommes
Des enfants pour un seul homme,
Une guerre qui s'achéve,
Des crimes et des trèves.
Un hôpital et des couloirs,
Le mal et la peur du noir,
Mais la lumière
Avec l'éclairage,
Et clairière
Et quelques mirages.

Deux dauphins qui nagent
Et des enfants qui ne sont plus sages,
Un cri dans la nuit,
Un enfant qui grandit,
Des yeux qui s'élargissent,
Des liens qui se tissent.

Et, quelque part en Méditerranée
Le silence.
Au coeur de cette mer, pluie d'été.

L'obscur errance
De deux soleils,
Le voyage sans chances
D'un peuple mourant sous le soleil.
Mais jamais la lumière,
Cette lumière venant de terre ;
Le clair obscur
De la peur devant l'or pur,
Paralysée par la terreur ;
Attendre et sortir de sa peur.

Le voyage que la lumière,
Ne fera jamais.
Malgré leurs mouvements en l'espace de dix mille ans.
Ni l'une, ni l'autre
Ne changèrent leur trajectoire.
Seule la vie, l'autre
Marche du matin vers le soir,
Et l'une et l'autre
Marchent du matin vers le soir.
Et l'un et l'autre
Se rejoignent au bord,

Se rencontrent à l'aurore ;
Et la lumière
Sans voyager,
Et la mer
Sans dériver,
Dessinent un horizon
Qui ne voyage jamais,
qui t'attends au bout de la marée
Avec les dauphins,
Sans le mur humain.

La pluie

La pluie est douce quand tu me regardes,
Elle chante ton nom lorsque la nuit s'attarde
Au coeur du plein de la nuit,
Ton sourire chante toutes les vies
Que j'aimerai passer dans le soleil de tes bras,
Pour sentir la langueur de tes lèvres sur moi.

Ton regard supporte mal arme,
Mon coeur frissonne sous ton charme.
Où j'aime soupirer auprès du présage
Qui siffle tranquillement sur ma vie.
Celle qui te réponds que belle est la nuit ;
Et ta bouche me parle de ces oiseaux
Qui s'envolent vers les horizons les plus beaux.
Celui où mon être t'espére,
Comme déjà jadis naguère,
Lorsque tu m'embrassas
Et qu'en cet instant,
Je sentis l'amour beau comme un enfant.

Celui que je rêve de toi,
Qui naîtra déjà au fond de moi.
Lorsque viendra l'instant divin
Où tu me serreras dans ton sein.

Ce vaste chant qui s'éléve depuis mon corps,
Comme un avoeu qui te parlerait encore,
De ces nuits étoilées,
De ces astres évoqués,
Par ta douceur de m'avoir
Montré le feu dans la nuit noire.

Et ce soleil plein d'astres et de fanfares.
Et dans ta voiture j'ai parlé à ton coeur,
Qui me berçait sous un ciel sans peur,
Où la lune rêvait
Ces rêves qui durent l'éternité ;
Et sur cette musique où tu me fis danser,
J'allumais les premières lueures de ma fécondité.

A toi qui me me montras le chemin
D'une vie qui se déroule comme un matin,
Où je te donnais mon parfum,
Et où je respirais
Tout le sens de ta pensée,
Elle parlait en triangle ;
Je m'allongeai dans l'angle,
Pour être plus près de ta parole,
Celle qui dure et s'envole
En traversant ma mémoire
Jusqu'à chacun de mes soirs.

Voyage ensoleillé

Le soleil brille dans ses yeux
Eclat sous bleu dans un vermillon feu,
Lune de lumière et de couleurs :
Tu transportes en moi, toutes ces fleurs
Dans le cercle ardent,
Au bord de mes vingt ans.

Je vois passer la joie d'un enfant,
La vie la lumière mauve
M'emmène dans des voyages fauves,
Comme une peinture,
Comme un murmure ;
Les mots sont des couleurs pures
Et tous portent la vivacité du jour,
Où par ma douce force, je vis dans l'amour ;
Longtemps paroles florales sont,
Comme l'iris de tes yeux si bons.

Au cil de tes trente ans, dix ans nous relient ;
Mais le présent nous unit,
Car quand je vois ta lune brillante
Tout mon être vit et s'enchante
Se recueillant de fleurs et de rires.

Tout ce que ton regard porte à ton sourire,

Et l'air tout autour, chante le bien.

Quand je suis avec toi,
Quand tu es avec moi.

Que les trajets de ma pensée
M'amènent jusqu'à tes mains, baiser.

Ce contact gracile, ce désir fragile
De mes lèvres et de ta paume.
Sont ta luimière pour une femme.
Femme, suis, amour vis.

Dans tes yeux, je vois la joie et la force
De plantes plus vrtes que l'espoir :
Fluidité apaisane, respirant avec le soir
Qui parlent le langage des cyclamens ;
Et moi, devant ce chant rêve d'être tienne.

Longtemps tes paroles gardera
Dans mes vingt ans et le coffre de mes bras.

Ah que ne pourrais-je m'envoler
Jusqu'à ta fenêtre, au pays d l'été !

Ah que ne pourrais-je être belle

Et dans tes bras, mon aimé être belle !
Qui dans un vol mauve et vert
T'emménerai au pays des troubères.

Là je t'apprendrai
Tout ce ce que je sais
De ma vie :
Elle te gardera mon âme,
Comme la belle empreinte
Qu'une tige reçoit
De l'arbre, des flots.

Un arbre qui croît
De la mer et tôt
Dans le matin
Sur le long chemin ;
Recevoir ce soleil, cette lumière,
Que je t'envoie comme une prière.

Comme le soleil de l'aube à la lumière
Envoie ses premiers rayons ;
Tu irradies comme un violon
Les notes que me dictent tes yeux.

Table des matières.

Mon chemin 7
Sur le chemin des pierres... 9
Et les ténèbres s'effondrent.. 11
Etre ou ne pas être 14
Je t'attendais 17
La première fois 18
Le voyage 21
Pour toi.. 24
Rose du premier matin 27
Eau d'enfant 28
L'horizon de nuit 29
Présence.. 30
Regards sur l'être 31
Ceux d'Eclève 33
La forêt universelle 34
Cette lumière 35
La fleur temporelle.. 36
Ciel et mer... 37
Sable.. 38
L'eau.. 39
Martial... 40
Les jeux du poète 42
Histoire de sang... 44
Condoléances.. 45
Le dessein.. 46
Souvenirs... 48
Rimbaud 50
Le corps lumineux 52
Le prisonnier du jour... 53
Pensées furtives 55
Le rêve océane 57
L'homme et la chevelure... 59
Nature 61

Plage d'amour	64
Sang d'oxygène et d'hydrogène	66
Regards	70
Traversée	72
Eclairages	75
La pluie	78
Voyage ensoleillé	80